EL GRADO CERO
DE LA PARTITURA

Sugerencias inútiles para dejar
de hacer y escuchar música

Director de la colección:
Héctor Escobar

Cubierta:
G. P. Deshayes, *Coquilles Fossilles des environs de Paris*,
Oudard del., Lith. de Frey: T2 (pt. 31, 4)

Primera edición, enero de 2025

Diseño de la colección y composición: Martín Errand

Dep. Legal: Le. 3–2025

ISBN: 978–84–128093–2–9

Impreso en España — Printed in Spain

EDIT
ORES
DESCAB
EZADOS

EL GRADO CERO
DE LA PARTITURA

Sugerencias inútiles para dejar de
hacer y escuchar música

Guillermo Lorenzo

ursa minor

Índice

La luz puede alcanzar un brillo cegador y el ruido un volumen ensordecedor, pero nada se oscurece más allá de la negrura, ni el ruido desciende más allá del silencio.

Michael de Podesta[1]

1   Michael de Podesta. 2015. «El cero absoluto», en Jeremy Webb (ed.), *Nada. Del cero absoluto al olvido cósmico. Reflexiones insólitas acerca de la nada*, Alianza, pp. 199-200 (el original es de 2013 y la traducción de Dulcinea Otero-Piñeiro).

INTRÓLOGO:
CERCA DEL GRADO CERO

El grado cero no es, propiamente hablando, una nada, sino *una ausencia que significa*; nos encontramos, pues, frente a un
estado diferencial puro. El grado cero da
testimonio del poder de todo sistema de
signos que, de esta forma, crea un sentido con «nada».

Roland Barthes[2]

Llegué demasiado temprano a *El grado
cero de la escritura*,[3] lo que significa
que, en su momento, no entendí gran

---

2   Roland Barthes. 1971. *Elementos de semiología*,
    Alberto Corazón, p. 77 (el original es de 1964 y la
    traducción de Alberto Méndez).

3   Roland Barthes. 1973. *El grado cero de la escritura*,
    Siglo XXI (la edición original es de 1972 y la traduc-
    ción de Nicolás Rosa y Patricia Wilson).

cosa de las sutilezas del gran Roland Barthes en ese texto. Pero un título tan sugerente no podía escapar a mi curiosidad y confiaba en que, habiéndolo interiorizado, la comprensión llegase por sí sola como una especie de lenta metabolización intelectual. Entiendo (o creo entender) ahora, pero habiéndolo releído, que en ese texto de 1972 Barthes habla de la «literatura» como el inevitable ir «más allá» del lenguaje cuando se expone a la escritura, no exactamente porque no lo haga en sus usos «ordinarios», recurriendo a la expresión de los analíticos del siglo XX, o «brutos», como los llamaba Maurice Blanchot,[4] sino porque en estos el lenguaje se somete al control práctico de los intereses de quien habla («proyectos», decía Bataille)[5] y, especialmente, al cálculo de lo que los interlocutores implicados puedan aportar o recibir con relación a esos intereses.

---

4   Maurice Blanchot. 1992. *El espacio literario*, Paidós (la edición original es de 1955 y la traducción de Vicky Palant y Jorge Jinkis).

5   George Bataille. 1989. *La experiencia interior*, Taurus (la edición original es de 1954 y la traducción de Fernando Savater).

En realidad, todo uso del lenguaje es «ostensivo», lo señala el propio Barthes,[6] siempre apunta a «algo más» que lo que decimos, pero en el caso del «lenguaje bruto» o «con proyecto» ese apuntar más allá de lo propiamente dicho está (de)limitado de un modo que la «literatura» consigue dinamitar. La literatura aleja y rompe la complicidad directa entre los interlocutores propia del lenguaje «ordinario» y quien escribe, al contrario de quien simplemente habla, pierde el control sobre el sentido y finalidad de lo escrito, que la lectura convierte en un artefacto explosivo capaz de generar una onda expansiva de contornos imprevisibles.

Sin embargo, explica Barthes, existe un tipo de literatura que se construye a partir de una escritura que se quiere «neutra», es decir, una escritura que aparenta renunciar a ese «más allá» descontrolado de la literatura o, lo que viene a ser lo mismo, que quiere dar a entender que no es literatura. Esta «no literatura», al menos en apariencia, revela el afán del autor por recuperar el control de la escritura, afirmándose de este modo como «escritor sin literatura» o «escritor»

---

6   Roland Barthes, *op. cit.*, p. 11.

sin más calificativos.[7] A este tipo de «proyecto literario» (un oxímoron, para George Bataille) Barthes lo califica como un «sueño órfico»,[8] es decir, como cosa de otro mundo, irrealizable en este o, en todo caso, solo realizable como tentativa o aproximación. La literatura se resiste tercamente a someterse al abracadabra de ese acto de desaparición.

En este sentido, el grado cero de la escritura no se aparta mucho de la temperatura referida en la física como «cero absoluto»:[9] es decir, la temperatura en teoría más baja, que se corresponde con el registro de la mínima energía posible interna a un sistema, cuyas moléculas se encontrarían total e irreversiblemente inertes.

---

7   En esta idea barthesiana encuentro resonancias de las tesis de Blanchot sobre la angustia autorial, que potencia el deseo de afirmar la condición de escritor por encima del deseo de la consumación de la obra lograda, que sabe de antemano irrealizable. *Vid.* Maurice Blanchot. 2021. *De la angustia al lenguaje*, Trotta (la edición original es de 1971 y la traducción de Luis Ferrero Carracedo y Cristina Peretti).

8   Roland Barthes, *op. cit.*, p. 13.

9   V. Edelmán. 1986. *Cerca del cero absoluto*, Mir (la edición original es de 1983 y la traducción de Salvador Colunga Suárez). *Vid.*, también, Michael de Podesta, *op. cit.*

Se trata, no obstante, de una condición límite inalcanzable, porque describe una situación incompatible con la energía residual propia del nivel cuántico de la materia, cuya eliminación presupone el tránsito por estadios materiales que exigirían recursos energéticos ilimitados e inaccesibles desde ellos. En todo caso, los físicos consiguen trabajar con sistemas «cercanos» al cero absoluto y, de hecho, aspiran competitivamente a alcanzar el mayor grado de cercanía posible a él. Pues bien, como el «cero absoluto» de la física, el «grado cero» de la escritura es una posibilidad teórica, un ideal, el imposible de una escritura libre de cualquier residuo literario.

Barthes menciona a Camus y a Blanchot como ejemplos de estas aproximaciones a una escritura «blanca» o «neutra»,[10] con relación a cuyo propósito filosófico la literatura se comporta como una rémora, una carga de la que quisiera desembarazarse, pero sin la cual, en realidad, cualquier profundidad filosófica quedaría instantáneamente desactivada. Los escritos más abiertamente filosóficos de Blanchot, por ejem-

10   Roland Barthes, *op. cit.*, p. 13.

plo, son textos a cuya elocuencia no es ajena la forma literaria, de igual modo que sus escritos más abiertamente literarios no consiguen encubrir una carga filosófica de evidente profundidad. Y lo mismo con Camus, Bataille o el mismo Barthes.

En tiempos más recientes, hemos presenciado la proliferación de un tipo de escritura «auto-ficticia»,[11] basada en un juego de aparente continuidad entre el sujeto inmerso en la ficción y el agente externo que la firma como obra literaria, entre los acontecimientos narrados en el texto y los referidos en los elementos paratextuales del libro o los aportados en el sistema de mediación que se extiende a la prensa, redes sociales, etc. La pretensión parece ser la de inyectar un efecto de «realidad aumentada» al texto y, por tanto, una atenuación del componente literario de la escritura que, en definitiva, la aproximaría a su «grado cero», es decir, a una aparente neutralidad o blancura escritural. El juego, por supuesto, es vano, porque el efecto neto no es tanto ese, como el de la

---

11   Ginés S. Cutillas. 2024. *El ensayo-ficción. Una nueva forma narrativa*, Sílex. *Vid*. especialmente, el cap. 1 («Las literaturas del yo»).

«literaturización» del componente paratextual y de los recursos publicitarios e informativos empleados.

El arte impregna (inadvertidamente) la realidad con mucha más facilidad que lo contrario.

Este es el contexto.

EL GRADO CERO DE LA PARTITURA

PREGUNTA: ¿Cuál es el propósito de esta música experimental?

RESPUESTA: No hay propósitos. Hay sonidos.

John Cage[12]

¿Se puede hablar de algo comparable a un «grado cero» barthesiano con relación a la música? La pregunta nos obliga, creo yo, a otra pregunta preliminar importante. El grado cero barthesiano presupone una relación polémica entre el lenguaje ordinario y la escritura literaria o, para simplificar, entre el lenguaje y la literatura. Pues bien,

---

12 John Cage. 2018. *Silencio*, Ardora, 2018, p. 17 (el original es de 1961 y la traducción de Marina Pedraza).

¿cuál sería relativamente a la música el equivalente al lenguaje ordinario en el caso de la literatura? Me parece que hay dos respuestas alternativas a esta pregunta, si bien creo que en último término convergentes.

La primera alternativa implica recurrir a la distinción de Bataille entre lenguaje «con» y «sin» proyecto y aplicarla al caso de la música. Serían música «con proyecto», en el sentido de Bataille, los himnos nacionales o deportivos, las marchas militares, la música solemne (o no) que se escucha en las iglesias, la que se toca en las plazas de toros, la que acompaña a las películas, la que suena en las verbenas populares, etc.[13] Complementariamente, serían música «sin proyecto» las sinfonías de Bruckner o Shostakóvich, las piezas de Thelonius Monk u Ornette Coleman, las canciones de Vashti Bunyan o Daniel Johnston, etc. Puedo anticipar algunos contraargumentos, pero aquí no daré más vueltas al asunto. Podríamos jugar con la terminología y llamar al primer tipo «música ordinaria» y al

---

13   Guillermo Lorenzo. 2024. «Una humilde propuesta: la música la inventaron las mujeres», *LaEscena* 10.07.24. < https://www.laescena.es/una-humil-de-propuesta-la-musica-la-inventaron-las-mujeres/ >

segundo «extraordinaria». La atribución de la categoría «bruta» al primero resulta más problemática, porque el antónimo más aproximado al sentido procurado que me ofrece DLE™ es «culta», que muchos no aceptarían asociar a Bunyan o a Johnston y algunos ni a Monk o Coleman, y sí, en cambio, a buena parte de la música religiosa o de las bandas sonoras cinematográficas. Además, provoca aquí una interferencia la categoría de «arte bruto» empleada por Jean Dubuffet para nombrar cualquier forma de creatividad desarrollada al margen o de espaldas al «arte oficial»[14] (*vid. infra*), que seguramente daría lugar a una partición diferente de todas las músicas de las que me he servido arriba a efectos ilustrativos.

La segunda alternativa implica rechazar, para empezar, la existencia de un verdadero salto categorial entre el lenguaje a secas y la escritura literaria. Barthes, desde luego, parece verlo así, en la medida en que la diferencia entre la ostensión (el «ir más allá») propia del lenguaje ordinario y la propia de la escritura literaria sería cuestión

---

14   Jean Dubuffet. 1992. *El hombre de la calle ante la obra de arte*, Debate (el original es de 1973 y la traducción de Cari Baena).

de grado, más que de género. Desde este punto de vista, todas las músicas que me han servido de ejemplo conformarían un único continuo musical, componiendo una categoría sin una línea demarcativa bien definida, aunque susceptible de agrupamientos atendiendo, por ejemplo, al grado de (in)dependencia o (des)control funcional de cada uno de ellos relativamente a otros. Esta alternativa tiene la ventaja de simplificar la cuestión evitando la necesidad de oponer el equivalente musical de la literatura a nada diferente de sí mismo, es decir, la música. Opondríamos tan solo dos maneras de darse lo mismo. Ayuda al mismo tiempo a refrendar la idea de que la literatura no es realmente algo diferente al lenguaje sin más, cuestión oscurecida por el empleo de (aparentes) dicotomías como «lenguaje/escritura» o «lenguaje/literatura».

No voy a extenderme más en esta cuestión preliminar, confío que haya quedado lo suficientemente aclarada. La conclusión es que la música puede responder de manera más o menos estricta a algún fin práctico (festivo, ceremonial, etc.) y, correspondientemente, ofrecerse a un menor o mayor margen para la creatividad y al abandono en manos del oyente de cuestiones como el lugar, el momento, el tipo de uso y destaque respecto a otras actividades en curso, las sensaciones con que pueda enriquecerla o los significados con que pueda llegar a revestirla.

MÚSICA AMBIENTE,
DANZAS INVISIBLES

> La música ambiental está pensada para in-
> ducir calma y favorecer un espacio para el
> pensamiento [...] Tiene que ser algo capaz
> de ajustarse a varios niveles de atención
> auditiva sin imponer ninguna en parti-
> cular: *tiene que poder ser ignorada* tanto
> como resultar interesante.
> Brian Eno, *Ambient 1: Music for airports*[15]

Con todo este trasfondo, creo que es posible plantear adecuadamente la cuestión
de la existencia de un «grado cero»
musical: es decir, músicas que se plantean reba-

---

15 Cito a través de la traducción del encarte del disco
    en David Toop. 2016. *Océano de sonido. Palabras en
    el éter, música* ambient *y mundos imaginarios*, Caja
    Negra, p. 26 (el original es de 1995 y la traducción
    de Tadeo Lima). Las cursivas son mías.

jar o eliminar cualquier señal de lo que habitualmente identificamos como creatividad o artisticidad musicales. Tal proyecto musical ha existido (existe, no veo en qué momento podamos dar por inexistente una obra musical) y se asocia habitualmente a un nombre fundamental de la música desde los años setenta del pasado siglo xx: efectivamente, Brian Eno y, sobre todo, su serie de «música ambiente» editada entre 1978 y 1982.[16]

El primer disco de esta serie, el seminal (el adjetivo no falta en ninguna alusión al disco) *Music for airports*, incluye un encarte con la declaración de principios del propio Eno. La música ambiental pretende adecuarse a espacios tanto físicos como mentales, estableciendo una especie de continuidad entre ellos y la música, cuya aportación sería comparable a la de un perfume o, más exacta y literalmente, un ambientador. Podría decirse (no lo dice Eno, pero se infiere de sus palabras) que se trata de una música capaz de trasladar al oyente a esos espacios aun no estando en ellos. O viceversa: que

---

16   *Ambient 1: Music for airports* (1978), *Ambient 2: The plateau of mirror* (1980; con Harold Budd) y *Ambient 4: On land* (1982).

localizarse en los espacios en cuestión pueda ser suficiente para encender esa especie de reproductor musical que llevamos dentro todos (supongo, no suelo preguntarlo, tal vez la generalización sea espuria) con las sintonías correspondientes y al volumen adecuado. Me temo que empiezo a aportar bastante de mi propia cosecha al planteamiento de Eno. Su plan consiste, en esencia, en conducir al oyente a un estado de atención casi subliminal relativamente a la música, que se convierte así en un fondo idóneo para la actividad o el pensamiento en curso de quien escucha.

Parece claro, pues, que el de Eno es un proyecto de «neutralización» o «blanqueamiento» musicales, en el sentido de Barthes. El primero de estos términos, por cierto, remite a la teoría lingüística, donde se emplea para señalar contextos en que ciertas distinciones dejan de operar: por ejemplo, no es propio del español una distinción significativa basada en contrastes como *apto*/**abto*, o **atmirar*/*admirar*, lo que implica que las distinciones fonológicas p/b (como en *pata*/*bata*) y t/d (como en *dato*/*dado*) no es operativa en ese contexto silábico postvocálico. La música ambiente de Eno podría analogizarse con este fenómeno lingüístico en el sentido de que se plantea como propia de situaciones (contextos) en los que promueve la disolución del contraste habitual entre atención/desatención relativamente al estímulo musical: la música no es exactamente en esos contextos objeto de atención ni de desatención, o puede ser alternativamente una u otra cosa. Renuncia a ser figura u objeto central y se ofrece como una especie estímulo oculto, aunque activo, que el oyente escucha sin la sensación de estar haciéndolo en beneficio de cualquier otra actividad o de la inactividad propia del relax.

La pregunta es ineludible: ¿es la neutralidad o blancura de la música ambiente «*a la* Eno» una aspiración realmente consumable? ¿o es un «sueño órfico» más, como dice Barthes de cualquier otra búsqueda del cero creativo? Eno dice haber experimentado en primera persona la capacidad de algunas de sus composiciones para facilitar o encauzar su pensamiento. Ahora bien, es difícil aportar una respuesta generalizable a cualquier otro oyente tratándose de una cuestión dirigida a algo tan opaco como la subjetividad de cada cual. Lo que sí está claro es que los comentaristas de la música ambiente tienden a pasar por alto la cuestión, salvo desde el punto de vista conceptual y programático, desde el cual, efectivamente, el de Eno puede presentarse como un proyecto de cría o cultivo de sonoridades en un territorio cero de la musicalidad. Más allá de esto, la concreción discográfica del proyecto ambiental deja de ser valorada atendiendo a esas líneas programáticas, centrándose los críticos comúnmente en el talento con que Eno imprimió el sello de la calidad y de la artisticidad en un tipo de música prexistente como producto en serie, habitualmente asociada al nombre comercial de uno de sus principales productores, Muzak©. A Eno se le reconoce consensualmente el haber sido artífice, en el plano musical, del fenómeno más general de «artistificación» del diseño a través de la singularización de los productos, entre otras cosas, mediante la incorporación de la firma de sus creativos como una dimensión más y como uno de los atractivos principales de esos productos. La música ambiente acaba así por no ser excepción a lo anteriormente dicho sobre las literaturas que, aparentando no pretenderlo, no consiguen otra cosa que la expansión del «aura» ('favor, aplauso, aceptación general'; DLE™) de lo literario, o lo musical, a escrituras, y sonoridades, de entrada, ajenas a ella.

A pesar de su pretendido «estatus periférico» y de su renuncia, en teoría, a involucrar sensorialmente al sujeto de una manera profunda,[17] la música ambiente de Eno, como casi cualquier otra música de Eno, es cualquier cosa menos fácilmente obviable. Me cuesta imaginar un solo consumidor de su serie ambiental, pues esa es la condición a que el artista parece querer reducir al oyente, que la escoja en su tienda favorita, la descargue en su plataforma habitual y la ponga a sonar a través del método de reproducción de su elección, pensando realmente en los espacios y tareas que esa música pueda realzar y potenciar. Cuesta pensar, en fin, que alguien escoja la música de Eno por otra cosa que no sean las cualidades de la música de Eno, entre las que no parece estar precisamente que uno pueda olvidarse fácilmente que está escuchando a Eno mientras lo escucha. Aunque vete tú a saber. Estoy lejos de gozar de la omnisciencia capaz de permitirme afirmar cualquiera de estas valoraciones con verdadera fuerza asertiva.

Yo confieso haber comentado en más de una ocasión que tal o cual música me parece espe-

---

17   David Toop, *op. cit.*, p.28.

cialmente propicia para servir de fondo cuando leo o escribo: parte de lo que se conoce como *post-rock*, parte de la electrónica... No recuerdo haber incluido nunca a Brian Eno en el lote, pero sí, reconozco que mucho Brian Eno podría entrar en él. Ahora bien, algo que compruebo a menudo, tanto que ha dejado ya de sorprenderme, es que cualquier música, incluidas músicas consensualmente ruidosas, tiene esa misma capacidad de evadirse del foco principal de atención con que Eno promocionaba su música ambiente. Me ha ocurrido escuchando a Hüsker Dü, a Fucked Up o a Protomartyr, por mencionar un puñado de casos recientes: sus discos comienzan a girar casi al mismo tiempo que yo me pongo a leer o a escribir y, de repente, me doy cuenta de que durante un tiempo indeterminado la música ha entrado en una especie de elipsis. Sé que tiene su gracia pensar en Hüsker Dü como intérpretes de música ambiente. Pero si lo definitorio del género, que supongo que ya es, no es otra cosa que su vocación de segundo plano, de retrotraerse hasta desaparecer de la atención del oyente, entonces sí, a mí Hüsker Dü me funciona como música ambiente. Obviamente, no puedo conceder a nada de esto la fuerza de una generalización, pero el hecho de que sea algo característico de mi propia subjetividad lo convierte, al menos, en una pequeña verdad.

(Conozco fórmulas para transformar la música ambiente de Eno en auténtica música *hard-core*, pero de momento me guardo el secreto.)

BAJA FIDELIDAD

Debemos estar preparados para aceptar el hecho de que, para bien o para mal, las técnicas de grabación transformarán en adelante nuestras concepciones de lo que es una ejecución musical correcta.

Glenn Gould[18]

Los discos nos ayudan a definir cómo queremos que suene la vida.

Greg Milner[19]

---

18   Glenn Gould. 1966. «The prospects of recording», *High Fidelity* (April), p. 337 (la traducción es de GL).

19   Greg Milner. 2015. *El sonido y la perfección. Una historia de la música grabada*, Léeme/Lovemonk, p. 21 (el original es de 2009 y la traducción de Yuri Méndez).

La música que uno hace tentativamente en su cuarto, como simple borrador, tratando de fijar un ritmo, atrapar una melodía o redondear una armonía, nos aporta un ejemplo de música que no se elabora como apta para la difusión o la ejecución ante una audiencia. Música privada y efímera, provisional, de usar y tirar. Es, con todo, un tipo de música (una música tipificable) con señas de identidad propias, relacionadas con el descuido de los resultados y lo rudimentario de los métodos de registro empleados. En la medida en que podemos asociarla con determinadas marcas distintivas y que estas marcas distan de las que uno espera encontrar en un producto musical «acabado», cabe razonablemente situar tal tipo residual de rasguños, apuntamientos o tanteos en un nivel de oquedad musical equivalente o cercano al grado cero barthesiano.

Es posible que hacer música con esta gradación y características sea todo cuanto se proponga lograr alguien que hace música, tal vez porque sencillamente compone e interpreta para sí mismo, porque carece de conocimientos o medios técnicos para llegar más lejos, porque crea, ingenuamente, que el suyo es un producto musical tan acabado como cualquier otro o porque ni siquiera se plantee la cuestión. Podemos pensar en todas estas situaciones como casos de neutralidad, blancura o grado cero musicales genuinos, propias de músicos seguramente tan tenaces como inevitablemente invisibles.

Pensando en este tipo de tenacidad creativa invisible, Jean Dubuffet acuñó hace décadas el concepto de «arte bruto», mencionado más arriba de pasada. El concepto hace concretamente referencia a las prácticas creativas propias de personas que por sus condiciones personales o de aislamiento social (personas con alteraciones mentales, generalmente residentes en instituciones sanitarias, presos, los niños, artistas aficionados, etc.) se dedican a la práctica de alguna de las ramas tradicionales del arte o la literatura al margen de los cauces establecidos por el complejo sistema institucionalizado de mediación entre el creador/artista y el público/consumidor. Dubuffet llegó a ejecutar el paradójico proyecto de «museizar» muestras de tal tipo de arte «marginal»,[20] si bien fue precedido por los promotores de colecciones, exposiciones y museos en

---

20   Collection de l'Art Brut, Avenue des Bergières 11, 1004 Lausanne.

algunas instituciones mentales a principios del siglo XX.[21]

En sus variantes pictórica y escultórica, a las que se ha prestado una mayor atención, el arte bruto se mueve entre un perfeccionismo en el detalle desajustado al concepto global de las piezas y una ingenuidad técnica asociada a una enorme expresividad de conjunto. No sorprende, por ello, que incluso antes de inspirar la puesta en práctica propiamente artística de creadores «oficiales» como Jean Dubuffet, este tipo de «arte degenerado», como llegó a ser denominado, aportase algunos de los elementos constructivos propios de vanguardias como el fauvismo o el expresionismo más generalmente entendido, dando así arranque al proceso de distanciamiento de este tipo de trabajo creativo respecto al ideal de blancura o grado cero artísticos. En todo caso, el «arte bruto», como tal, sí parece ofrecer una posible concreción de permanencia en tal condición de neutralidad artística en creadores realmente impedidos de comprender o de participar en la

---

21 *Vid.* Hans Prinzhorn. 2012. *Expresiones de la locura. El arte de los enfermos mentales*, Cátedra (la edición original es de 1923 y la traducción de María Cóndor).

institucionalización del arte y en las «asfixiantes» ceremonias propias de la cultura, recurriendo a otra celebrada expresión de Dubuffet.[22]

La cultura despliega con verdadera voracidad un afán de asimilación de cualquier expresión artística que se aparte de sus cánones, de modo que la frontera entre «lo bruto» y «lo culto» acaba por ser inestable. Qué cae en cada momento de uno u otro lado, es decir, del de lo culto o canónico y del de lo bruto o degenerado, es cuestión que normalmente se defiere al «experto», quien trabaja al amparo de todo un complejo sistema en último término comercial. Una tela cubierta de eyaculaciones pigmentadas tanto puede ser una expresión exclamativa por parte de un residente en un sanatorio psiquiátrico como una pieza expuesta y catalogada en un museo de arte abstracto.[23] Entre una y otra posibilidad, el museo de arte bruto o degenerado acaso sea un espacio intermedio (real o

---

22   Jean Dubuffet. 2011. *Asfixiante cultura*, Ediciones del Lunar (la edición original es de 1968 y la traducción de Ángel Cagigas).

23   El ejemplo procede de la novela *Mi año de descanso y relajación*, de Ottessa Moshfegh, publicada por Alfaguara en 2019 (la edición original es de 2018 y la traducción de Inmaculada C. Pérez Parra).

imaginario), una especie de purgatorio entre el infierno de lo bruto y el paraíso del arte (o viceversa). Compete a un complejo sistema de decisión experta sancionar de qué lado cae lo que de otro modo es lo mismo.

Esta indeterminación que afecta a lo que alcanza o no la condición de artístico también se manifiesta, obviamente, en el caso de la música. De hecho, en ella podemos identificar, además, un hilo de indeterminación que conduce al estímulo físico del que en el último término se sirve, es decir, el sonido. Algo llamado «sentido común» nos dice que el sonido debería sonar tal cual suena. Pues resulta que no: el sonido carece de voluntad propia y suena como nosotros, los oyentes, nos representamos que suena. Para complicar algo más las cosas, resulta también que estímulos de tipo no directamente acústico pueden tener tanto impacto en la conformación de esas representaciones como el estímulo sonoro recibido. Algunos habrán oído hablar del «efecto McGurk», descrito por primera vez en los años setenta del pasado siglo.[24] Se produce cuando el estímulo acústico normalmen-

---

24   Harry McGurk y John MacDonald. 1976. «Hearing lips and seeing voices», *Nature* 264, 746-748.

te correspondiente con un determinado sonido del habla se percibe al mismo tiempo que se visualiza el gesto articulatorio de otro sonido del habla diferente; entonces, la representación auditiva que nos formamos (y, por tanto, lo que oímos) es un tercer sonido diferente a aquellos dos. Pero la cuestión es más compleja aún, porque las ideas que tenemos acerca de cómo suena algo *realmente* son también muy sensibles a las representaciones externas, especialmente las grabaciones, del sonido en cuestión.

Los métodos de grabación y reproducción vigentes en un determinado momento influyen crucialmente sobre cómo nos representamos las sonoridades que esos métodos registran, porque sentimos una irrefrenable tendencia a pensar que algo suena bien cuando suena como lo registraría la mejor técnica disponible en el mercado. Greg Milner lo ha expresado postulando lo que él llama una «conciencia de grabación», participante activa en los procesos de desciframiento e interpretación de los estímulos sonoros, que consiste en «el conjunto de creencias que con el tiempo hemos desarrollado sobre qué es lo que suena bien».[25] La tesis es del mayor

---

25   Greg Milner, *op. cit.*, p. 21.

interés, porque se correspondería con una capa muy recientemente desarrollada de la conciencia humana, tanto como las técnicas en cuestión. Con todo este trasfondo, uno llega a cuestionarse si un sonido es algo que *realmente* suena. La respuesta, pueden estar tranquilos, es que sí, los sonidos realmente suenan, aunque, como ya se estarán imaginando, no exactamente como pensamos que lo hacen.

Es significativo que el término técnico que comúnmente nombra la calidad de un registro sonoro sea el de «fidelidad», me imagino que en la acepción que DLE™ asocia con las ideas de exactitud y precisión. DLE™, de hecho, incorpora también la expresión *alta fidelidad*, que define, circularmente, por cierto, como 'capacidad de reproducir muy fielmente el sonido'. Ahora bien, el término resulta problemático, como poco, si atendemos a que se encuentra expuesto al viento hipo-huracanado[26] de la siguiente paradoja, que presento ya directamente aplicada al caso de la música: originalmente, una grabación se entendía, de manera no problemática, como un registro, es decir, como una *representación*

---

26 Cripto homenaje al gran Pepe Pótamo y a su fiel amigo el gorila Soso.

de una ejecución musical; con el paso del tiempo, sin embargo, el registro (la representación) ha pasado a considerarse *directamente* como la música misma, en un sentido en el que, además, determina o condiciona la calidad de las ejecuciones musicales en directo. En las palabras siempre clarificadoras de Milner, «la música en directo se escucha ahora a través del prisma de la música grabada».[27]

Parece, pues, que sobre la relación representacional entre la ejecución y el registro musicales ha operado una especie de inversión: el registro se ha convertido en un proceso con entidad propia (es decir, no un «registro de», sino un «registro» a secas, en un nuevo sentido intransitivo) y el resultado adquiere valor representacional en la medida en que sirve de plantilla a la que los músicos acomodan, en mayor o menor medida, la ejecución y que funciona al mismo tiempo como un horizonte de expectativa para la audiencia. Además, si habitualmente una representación es un correlato empobrecido de su referente, en este caso ocurre que es la representación la que impone, autosuficientemente,

27   Greg Milner, *op. cit.*, p. 12.

el sello de calidad sonora en la relación. Esta especie de revolución representacional, cuyo origen coincide con los primeros dispositivos de reproducción fabricados y comercializados por Edison, la explica sucintamente Milner del siguiente modo:

> El fonógrafo había comenzado siendo un medio para documentar una interpretación musical, una representación de lo *real*, pero Edison le estaba diciendo al mundo que esa ecuación ya no era aplicable. De ahora en adelante, las grabaciones no sonarían como el mundo; el mundo sonaría como las grabaciones.[28]

Un corolario de todo lo anterior es que la «fidelidad», en su particular sentido musical, ha dejado de referirse a la exactitud o precisión de las grabaciones relativamente a un original (como ocurre con un retrato respecto al retratado) y ha pasado a nombrar un tipo de perfección estimada en términos del desarrollo técnico de los propios medios de grabación. Es «alta fidelidad» (*a.k.a. High Fidelity, a.k.a. Hi-Fi*), por

---

28   Greg Milner, *op. cit.*, p. 5.

tanto, el sonido tal cual lo reproduce la técnica más avanzada disponible, que es, a la vez, el que tendemos a atribuir a las ejecuciones en tiempo real de la música de más alta calidad compositiva e interpretativa. Es «baja fidelidad» (*a.k.a. low fidelity*, *a.k.a. lo-fi*), complementariamente, cualquier registro que se aleja del mismo estándar de calidad sonora y, derivadamente, compositiva e interpretativa. Lo que se aprecia, en definitiva, es una compleja maraña en que se enredan consideraciones de excelencia técnica y juicios de valor parasitariamente entrañados en aquellas, los cuales adquieren carta de naturaleza con pasmosa facilidad.

No extraña, por ello, que la escala que opone lo «Hi» a lo «lo» funcione como fundamento de una polaridad estética en la que lo «Hi» actúa como el polo de lo musicalmente correcto, es decir, como la sonoridad promedio de la que irradia lo que se considera buena música, y lo «lo» como el polo de la disrupción, de la desviación que no se percibe como propiamente musical o como musicalmente correcta. No queriendo ser o presentarse como musicalmente acabada, la «música de habitación» que sonaba en el arranque de este capítulo, o cualquier otra forma de «baja fidelidad», se establecen como un involuntario «grado cero» musical, casi inevitablemente llamado a instigar un ciclo de estilización de sus accidentales rasgos distintivos como señas de identidad de una estética: la del «lo-fi», incluida la variante conocida como *bedroom pop*.[29]

Desde mi posición de amante de esta forma de desatavío[30] sonoro, me gustar sentir lo que el *lo-fi* tiene de toma de tierra de la música pop con una creatividad bruta original, por más que inevitablemente incorpore ese algo de falsificación que conlleva su transformación premeditada en material ajustado a la economía de la «artistificación», que no deja de ser la variante estética de la «gentrificación». Al menos, la música *lo-fi* nos ha dejado el maravilloso testimonio de Daniel Johnston, quien, lejos de cualquier impostación, transformó su grabadora casera en uno de los instrumentos musicales más sobrecogedores alguna vez creados en la historia de la música. Tal vez podríamos añadir algún periodo de

---

29   Thaís Amorin Aragão. 2017. «Two logics of remediation in lo-fi: the inversion of immediacy in the cases of soundscape and indie rock», *International Journal on Stereo & Immersive Media* 1, 60-71.

30   *Desatavío*. «Desaliño»; *Desaliño*. «Desatavío» (DLE™).

Jonathan Richman o de Vic Chesnut entre los momentos estelares del arte bruto musical. Mi encuentro relativamente reciente más chocante con la brutalidad musical tuvo lugar en el año 2011, cuando salió a mi encuentro un grupo californiano cuya imagen era todo un poema a la altura del listado de apellidos de sus componentes: Pillado, Zufolo, Urango y Partida. The Sea Lions. Un único LP en el mercado, el especialísimo *Everything you always wanted to know about the sea lions but were afraid to ask* y ninguna perspectiva de que vayan a repetir. El *lo-fi*, cómo no, tiene uno de sus epicentros creativos en Nueva Zelanda, hospitalariamente amparado en una de las discográficas más admirables en todo el ancho mundo: Flying Nun. Pueden no ser artistas brutos en sentido lígrimo,[31] pero los músicos de Tall Dwarfs, The Clean o The Bats son sin duda artistas vocacional y genuinamente brutos. Como el británico Billy Childish, cuyo *The 1982 cassettes*, por ejemplo, es todo un arquetipo de brutalidad sonora.

A todos ellos podemos sumar una larguísima nómina de amigos americanos: la brutalidad

---

31   Sin.: puro, limpio, intacto, etc. (DLE™).

naif de Beat Happening o Neutral Milk Hotel; la sofisticada de Pavement, los Guided by Voices de *Alien lanes* o los Silver Jews del primordial *Arizona tapes*, del que allmusic.com dice: «Nunca sonó mejor el siseo de una cinta»; la prolíficamente ramificante de los Dinosaur Jr. (Sebadoh, Sentridoh, Folk Implosion, J Mascis, Lou Barlow); la un tanto impostada de los Moldy Peaches (Adam Green & Kimya Dawson); Time New Viking, No Age, Royal Trux; perlas femeninas como el primer disco de Waxahatchee (*American weekend*, 2012), el segundo de Lael Neale (*Acquainted with night*, 2021), casi cualquiera de los de Sarah Mary Chadwick (ejemplarmente, *Me and ennui are friends, baby*, 2021), el *Saved!* (2024) de Reverend Kristin Michael Hayter (la artista anteriormente conocida como Lingua Ignota)… Lo dejo aquí.[32] Mi intención era la de ilustrar y sugerir. El rigor historiográfico me lo reservo para exorcizar la vejez.

Un apunte final: inevitablemente, el *Hi-Fi* de hoy será el *lo-fi* de mañana.

---

32   Bueno, una sugerencia más: el *lo-fi* del *Lo-Fi* (1992) de los Stereolab.

POLÍTICAS DEL RUIDO

> La tensión entre las dos tendencias críticas
> etiquetables como *la política del ruido* y *la
> política del silencio* aporta el límite apro-
> piado para una discusión politizada acerca
> de lo sonoro. Simplificando excesivamente
> toda una multitud de posiciones divergen-
> tes, tales tendencias localizan el potencial
> de la cultura sónica, su virtual futuro, en
> lo fisiológica o culturalmente inaudible.
>
> Steve Goodman[33]

Como punto de partida, podemos pensar en el ruido y en el silencio como condiciones límite entre las cuales la música encuentra su área de definición. Con este plan-

---

33 Steve Goodman. 2010. *Sonic warfare. Sound, affect, and the ecology of fear*, MIT Press, p. xvii (la traducción es de GL).

teamiento inicial, el ruido sería su límite excesivo y el silencio su límite defectivo. Bajo cualquiera de estas condiciones, la música deja de ser o, al menos, de presentársenos como tal. Esto parece significar que la música no reconoce uno, sino dos estados diferentes de «grado cero» barthesiano. Como veremos a continuación, las cosas son algo más complejas de lo que invita a pensar este sencillo planteamiento de arranque, pero, con todo lo que efectivamente tiene de simplificación, nos puede ayudar a pensar sobre el particular tipo de continuo que componen el ruido, la música y el silencio. Al final, ninguno de los tres fenómenos resulta ser exactamente lo que aparenta, pero indudablemente participan en dinámicas conflictivas que nos permiten entenderlos como estados mutuamente dependientes y, en muchos casos, creativamente cómplices.

La noción de «ruido» está asociada a diversos sentidos, ordinarios y especializados, que la vinculan físicamente con el sonido y sensorialmente con el oído. Sin embargo, no todo lo que es ruido suena. Tampoco resulta siempre igualmente ruidoso lo que suena igual. Para el teórico de la información, es ruido cualquier efecto que perturbe la recepción íntegra de una señal, de modo que la descomposición química del papel es ruido para el intérprete de un texto antiguo y la más relajante de las músicas se vuelve ruidosa cuando entorpece una conversación. Cuando hablamos de sonidos, pues, el marchamo «ruido» no sirve para tipificarlos, sino para valorarlos. El ruido, en resumidas cuentas, no tiene una existencia objetiva (¿la tendrá algo?): el ser o no ser del ruido depende siempre de un sistema de valores. Y valores, ya se sabe, los hay de todo tipo y para todos los gustos.

Me interesa mucho el binomio «ruido/silencio», porque ninguno de sus polos existe realmente, aunque compinchados[34] adquieren un modo de existencia realmente singular. Invito al lector a entrar en una cámara anecoica, si es que tiene alguna a mano. Si piensa que lo que encontrará en ella es el más absoluto de los silencios está muy equivocado: lo que escuchará serán los sonidos que todos llevamos dentro sin notarlo la mayor parte del tiempo (el del fluir

---

34 DLE™: «Compinche. De *com-* y *pinche*¹». «Com-. reunión, cooperación o agregación». «Pinche. De *pinchar*. 1. tacaño. Sin.: tacaño, codo², coñete, coño, durañón, hambriento, pelotero³, piche¹, pichiriche, pichirre, pisirico, agarrado, mezquino». Hagan ustedes mismos la cuenta: *com-* + *pinche*¹ = ¿x?

de la sangre, el de las ondas cerebrales, etc.).[35] En una situación como la descrita, pues, el ruido se nos presenta algo así como una oración subordinada a una oración principal de silencio. La experiencia, dicen los que han pasado por ella, no es lo que se dice agradable. Complementariamente, el sosiego que uno puede querer encontrar en el silencio parece que puede encontrarse mucho más fácilmente en algunas de esas modalidades de «ruido» que llevan nombres de colores (blanco, marrón, rosa…).[36] Creo que estos ejemplos ilustran suficientemente la relatividad del binomio. Y ya se sabe que el de la relatividad es reino donde los valores campan a sus anchas.

Decir o escuchar que algo es «relativo» a un «sistema de valores» o, directamente, que algo es un «valor» es una de esas declaraciones que

---

35 John Cage cuenta magistralmente su experiencia en *Silencio*; *vid. infra.*

36 Karelia Vázquez, «¿Qué es "ruido marrón" y por qué sirve para acallar nuestra mente?». *El País*, 10.01.23. *Vid.*, además, Guillermo Lorenzo. 2024. «Ruido browniano (o cómo acabar de una vez con la psicodelia)», *LaEscena* 25.06.24. < https://www.laescena.es/ruido-browniano-o-como-acabar-de-una-vez-con-la-psicodelia/ >

suenan muy bien, pero que dejan el retrogusto de no saber realmente qué es eso sobre lo que uno se ha manifestado o le han dicho. Para empezar ¿qué es un valor? Decir que es algo que muchos convenimos que está ahí, aunque su «estar ahí» no sea exactamente un estar ahí, no soluciona precisamente las cosas. Hablar de valores es algo sobre lo que parece que pese permanentemente el peligro de caer en un pozo lleno de un nuevo y pegajoso dualismo cartesiano del que uno tardará siglos en poder salir y limpiarse, atenazado entretanto por mil y una preguntas tras las que siempre acecha una más: ¿cuál es el ámbito de existencia de los valores? ¿en qué se diferencia del de las cosas que realmente están ahí? ¿cómo se relacionan unas y otras?, etc. En fin, todo un *déjà vu* filosófico.

Pese a tal dificultad, sobre el ruido y la música ha escrito en estos términos, y con notable claridad, el brasileño Felipe Trotta,[37] entre cuyas tesis destaca la introducción del parámetro de «territorialidad» en este espinoso asunto. La

---

37   Felipe Trotta. 2020. *Annoying music in everyday life*, Bloomsbury Academic. *Vid.* también el no menos recomendable Miguel Albero. 2023. *Ruido. Radiografía de una expansión silenciosa*, Adaba Editores.

territorialidad, me parece a mí, vendría a ser el homólogo, en el nivel de los valores, de la primera persona en el nivel de las cualidades sensoriales. El territorio parte del espacio propio, el que uno ocupa habitualmente, y se hace extensible al espacio propio de la cadena social de quienes consideramos los nuestros (no necesariamente los mismos a todos los efectos). Lo que cuenta o no como (más que es o no es) agresión o lo que se recibe (más que se percibe) con o sin agrado se sigue de este sentido de la territorialidad. Si hablamos de estímulos acústicos, a la penetración en mi/nuestro territorio de la sonoridad ajena la llamamos «ruido», y lo consideramos muestra de tosquedad, grosería y falta de civismo por parte de quien lo emite, transmite o retransmite. Nada de que ver con la «música», o el «silencio», que habitualmente acompaña mi/nuestro bienestar, mi/nuestra alegría o mi/nuestro recogimiento. El ruido, parafraseando a quien ya saben, es siempre el otro.

La música se convierte por ello en ruido con la misma pasmosa facilidad con que una potencia militar invade el territorio de un vecino más frágil. Y no sorprende, por esta razón, que haya sido utilizada con fines militares o de orden público en multitud de episodios (Panamá, Waco, etc.). Sobre esta dimensión oscura de la música ha escrito con lucidez el gran Steve Goodman, músico (como Kode9), productor musical, propietario de la discográfica Hyperdub (la de Burial, entre otros) y un pensador realmente profundo y denso.[38] Tampoco es raro, por las mismas razones, que muchos hayan pensado que con la música podrían cambiar el mundo, entre otros los que concibieron la idea de usarla como arma arrojadiza. Es de suponer que la música de los cantantes protesta sonase como ruido a aquellos a quienes iba dirigida como invectiva, si es que alguna vez llegaron a hacerle algún caso. Abrazarla como propia y transformar a los protestantes en genuinos artistas (en ese sentido en que «ser artista» significa «ser uno de los nuestros») seguramente haya sido una astuta estrategia para neutralizarla. Inteligencia militar de primer orden.

Complementariamente, el ruido se convierte en música con idéntica pasmosa facilidad. No es raro que un estímulo físico pueda resultar ruidoso a unos y musical a otros, musical en una ocasión y ruidoso en otras para un mismo in-

---

38   Steve Goodman, *op. cit.*

dividuo o musical o ruidoso en diferente grado en situaciones diversas. Más aún, la experiencia sónica se abre a ser disfrutada como musical y ruidosa exactamente al mismo tiempo. Qué voy a contar que no sepan ya los fans, entre los que me incluyo, del *noise rock* (Sonic Youth, Lightning Bolt, No Age...). En mi caso, de dicho fanatismo tienen la culpa los Jesus and Mary Chain, que me enseñaron en los ochenta que era posible cantar con absoluta delicadeza con un fondo de sonidos verosímilmente procedentes de un matadero industrial. Y, sinceramente, no cambio los 17:27 de «Sister Ray» (VU) por toda la discografía de Belle and Sebastian. En cuestión de estética, ese rincón rococó del universo de los valores, casi cualquier pirueta es posible. Retomo más abajo la cuestión.

De todos modos, proclamar que una cosa es el «sonido», un hecho físico objetivo, y otra cosa el «ruido» (o el «silencio»), un valor asociado a aquel de tal modo que el mismo sonido puede ser ruidoso o no según cuándo, dónde o para quién y que un mismo nivel de ruido puede ser atribuido a estímulos sonoros polarmente diversos, parece localizar las categorías correspondientes en ámbitos referenciales independientes, si bien conectados por algún tipo de misteriosa glándula pineal. Esto, para quien se empeña en reducir el mundo al mundo de lo que está delante y al alcance de cualquiera, resulta ser un desafío no menos agobiante que los planteados históricamente por Dios, el alma, el espíritu, el *élan vital* o la mente. Dios, el alma, el espíritu, el *élan vital*, la mente o los valores son variaciones de uno de los polos de las una y mil caras del dualismo, que tanto nos cuesta quitarnos de encima. Supongo que alguna razón habrá que lo explique.

De todos modos, no debemos caer tan rápidamente en la tentación de conceder que, efectivamente, existe una desconexión entre lo que consideramos «música/ruido/silencio» y un sustento físico y sensorial a que tal sistema de valores remite en último término. Los sistemas de valores no son tan autosuficientes como para permitirse algo así. A toda la secuencia que lleva desde la física del sonido al valor de la música yo le veo mucha relación con la cadena física, psicológica y, en el fondo, también cultural de lo que entendemos por «dolor», por ejemplo. Eso sí, dejando de lado esa versión simplista según la cual algo duele o no duele o duele más o menos. El estudio profundo de las bases fisiológicas del dolor ha demostrado que dichas bases son mucho más articuladas y complejas de lo que la aparente robustez y unicidad de la experiencia dolorosa puedan dar a entender. En el dolor concurren sensaciones de anticipación, concentración, ansiedad, autosugestión, prejuicios culturales, experiencias pasadas, etc. En cada ocasión particular, pueden darse más o menos de todos estos elementos constitutivos y con mayor o menor prevalencia relativa. El dolor no se localiza en ningún lugar en particular, sino simultánea o alternativamente en varios, ni existe una única forma de sentirlo.[39] Como sucede con el dolor, así con la música, el ruido y el silencio.

En el caso de la música, que es una de las pocas cosas de las que soy capaz de pensar con cierta claridad e incluso servirme para pensar acerca de otras cosas con algo que se aproxime a la claridad, creo haber identificado un potencial punto de contacto entre la realidad física del sonido y la metafísica irrealidad de los valores. Se trata de un indicio que se ha quedado incrustado en la palabra de uso más frecuente en inglés para referirse al ruido, es decir, *noise*. *Noise* lle-

---

39   *Vid.* Nikolas Grahek. 2007. *Feeling pain and being in pain (2nd ed.)*, MIT Press.

ga al inglés, como tantísimos otros vocablos, a través del francés, a este a través del latín, donde la palabra significa 'náusea', y a este a través del griego ναυσία (nausía, 'mareo'), basado a su vez en la raíz ναῦς (naûs, 'nave, barco'). Total, que *noise* fue antes mareo[40] que ruido, aunque ahora, como su homólogo castellano *ruido*, sea el ruido que en ocasiones precede, literal o metafóricamente, al mareo. Y, sí, lo que provoca mareos y vómitos intermitentes, es decir, náuseas, no es lo mismo para unos que para otros, lo que convierte a las náuseas en una base física idónea para modelar metafóricamente la denominación de un valor: el nombre de una sensación desagradable (*noise* 'náusea'), de etiología y fisiología bien conocidas, pasa a denominar, diríamos que retrospectivamente, una de sus causas conocidas (*noise* 'ruido').

Imagino que casi todos estemos inclinados a considerar las intoxicaciones alimentarias, los tratamientos médicos agresivos o el movimiento de los vehículos de transporte entre los prin-

---

40 También *mareo* se relaciona en español con *marea*, es decir, con el movimiento del mar. Un siguiente paso, que no ha llegado a consumarse, habría sido que *mareo* hubiese desarrollado una acepción en la que nombrase al ruido o a algún tipo de ruido.

cipales causantes de náuseas y, en cambio, que casi nadie las relacione etiológicamente con los sonidos. Pues bien, el sonido, y no necesariamente sonidos particularmente intensos o agudos, incluso sonidos que la bibliografía médica califica como «benignos», se encuentra también entre las causas típicamente desencadenantes de episodios de náuseas.[41] El mecanismo desencadenante se conoce con bastante detalle: en pocas palabras, el sonido estimula los canales vestibulares del oído interno, agita los fluidos de los canales semicirculares y estos provocan señales excitatorias que alcanzan y «engañan» al cerebro, que las interpreta como propias de un cuerpo en movimiento. O sea, como si el portador de ese cerebro fuese una nave (ναῦς) que a la deriva lo lleva. Ahora bien, el mismo tipo de sonido no provoca efectos uniformes en diferentes sujetos: resultan determinantes las peculiaridades de los sistemas vestibular y semicircular del oído interno de cada cual. Lo que está cla-

---

41   M. M. Iversen, H. Zhu, W. Zhou, C. C. Della Santina, J. P. Carey & R. D. Rabbitt. 2018. «Sound abnormally stimulates the vestibular system in canal dehiscence syndrome by generating pathological fluid-mechanical waves», *Scientific Reports* 8: 10257, DOI:10.1038/s41598-018-28592-7

ro es que estos sonidos que devienen en mareo y emesis adquieren la cualidad de ruido para quien padece dichos cuadros. El ruido es una cualidad que se sobrepone al sonido, un valor, por tanto, aunque, en casos como estos al menos, con un fundamento físico conocido y, por ello, no realmente abstracto.

Como digo, este tipo de indicios apunta a una cierta naturalización de los valores. Lo que no deja de ser un problema en el contexto de una potente tradición filosófica, que podemos retrotraer al menos hasta Hume, fuertemente anclada en la roca segura de la llamada «falacia naturalista»: ya saben, la idea de que no debemos derivar el *deber ser* (es decir, las normas y prescripciones de todo tipo) del *ser* (o sea, de lo que efectivamente es el caso). La plasmación (relativamente) reciente más sólida de la máxima se encuentra en los *Principia Ethica* (1903) de G. E. Moore, en que se articula toda una batería argumental contra toda tentación de naturalizar la ética, en principio también extensibles al caso de la estética. ¿Es peligroso naturalizar la estética, como claramente es naturalizar la ética? Pues seguramente sí: los valores parecen dotarnos de un tipo de libertad que muchas veces nos niegan las cuestiones de hecho y, por tanto, una forma de sobreponernos a aquellas. Sin embargo, si en las capas más profundas de la genealogía de los valores residen cuestiones de hecho, por ejemplo, si existen conexiones naturales originarias entre estímulos físicos (sonidos) y respuestas corporales (mareos, emesis), razonablemente capaces de haber generado un sistema de valoración estético (sonido > náusea → *noise / ruido*), pues qué le vamos a hacer. A mí, al menos, no me gusta mirar hacia otro lado ante cosas así. Y, qué quieren que les diga, me parece que humanizan asuntos que no me gusta ver desde un prisma demasiado abstracto, como la música, sus problemas y sus misterios.

Además, el hecho (o helecho) estético seguramente no se confirme rotundamente como tal hasta el momento en que el individuo (no diré el artista, porque no creo que haga falta para ello tal condición) es capaz de disociar conexiones que, por su naturalidad, damos casi por autoevidentemente inamovibles. Los valores estéticos bien pueden tener origen en condiciones fisiológicas de agrado o desagrado, de atracción o repelencia orgánicas a estímulos ambientales característicos. Sin embargo, nada así es incompatible con un sentido estético que privilegia o transforma en valores la desautomatización y la perversión de lo que damos por naturalmente asociado. En el relato de Mike McGonigal de uno de sus primeros conciertos (pre-*Loveless*) de My Bloody Valentine, encontramos este elocuente fragmento:

> El sonido me golpeaba, especialmente en el estómago, era realmente como si te estuviesen pateando en las tripas. Recordé un concierto en 1994, en Miami, de la banda Flipper, cuando un amigo me recomendó fervientemente que no comiese nada antes del espectáculo. Me dijo que el bajista tocaba en el rango más bajo de frecuencias de su instrumento para provocar que la audiencia perdiese el control de sus intestinos, creando virtualmente el reverso de los espectáculos de G. G. Alin.[42,43]

---

42 Artista punk norteamericano célebre por defecar, orinar o vomitar al público en sus espectáculos. Sobre su música, no puedo opinar.

43 Mike McGonigal. 2009. *Loveless*, Continuum, pp. 6-7 (la traducción es de GL).

Lo que aquí queda ejemplarmente ilustrado es el tipo de pirueta[44] sin el cual lo estético apenas se aparta de lo obvio o de la pose: «ruido», que en origen señala una reacción y un rechazo fisiológicos, se transforma, primero, en una categoría de reprobación estética —de rebote, de delimitación de lo complementariamente aprobado— y, después, de reprobación de lo reprobado y de reordenación del territorio estético. Así es como el *noise* se convierte en una categoría estética (positiva o negativa, según quien la use, claro). La enciclopedia allmusic.com lo define así:

> Sucio, abrasivo y castigador, el *noise* es todo lo que su nombre promete, ensanchando la capacidad de la música para el asalto sonoro al rechazar casi por completo el papel de la melodía y el arte del canto. Desde los ataques ensordecedores del japonés Merzbow hasta la demoledora intensidad de bandas del se-

---

44   «Del fr. *pirouette* 'cabriola', 'perinola', y este de la onomat. *pir*, imit. del ruido que se hace al girar». Pueden comprobarlo por sí mismos en casa: giren un ratito, cuidando de no alcanzar el clímax del mareo y la emesis, y comprobarán que sí, que al girar se hace *pir*. O no.

llo Amphetamine Reptile, como Tar y Vertigo, es un música oscura y brutal que lleva el *rock* a sus límites más extremos. A finales de los años noventa, tuvo lugar un resurgimiento del uso de ondas sinusoidales (exploradas originalmente por artistas de música concreta en los años cincuenta) por parte de artistas del ruido, como Otomo Yoshihide.[45]

La apuesta estética de la música *noise* es un poco como pretender convertir la *náusea* en síntoma de buena salud. Pero, ya se sabe, el arte tiene sus ventajas y lo que el médico no logra, tal vez lo logre el artista.

El *ruido* acaba de ser historiografiado desde esta perspectiva estética por Oriol Rosell en un recomendabilísimo libro[46] que nos habla de artistas del ruido como Merzbow, Throbbing Gristle o Mayhem, los ya mencionados Sonic Youth y The Jesus and Mary Chain, etc., unos ya más o menos digeridos por los oídos de las

---

45   allmusic.com; s.v. *noise style/noise genre* < https:// www.allmusic.com/style/noise-ma000001208 > (la traducción es de GL).

46   Oriol Rosell. 2024. *Un cortocircuito formidable. De los Kinks a Merzbow: un* continuum *de ruido*, Alpha-Decay.

audiencias más delicadas, otros, todavía ocultos en la oquedad de este cero ruidoso de la música, listos para pillar desprevenido a cualquiera y dejarlo como quien es atravesado por una corriente eléctrica. De la música *noise* puede decirse que es una extraña forma de patada vicaria, que debería doler a quien no la escucha (es decir, a aquel para quien realmente es ruido nauseabundo) y hace disfrutar a quien la recibe realmente (es decir, a quien la procesa como objeto de placer y disfrute, o sea, como quien consume un antiemético).

Lo dicho: piruetas estéticas.[47]

---

47   «sin.: cabriola, zapateta, salto, vuelta, giro[1], contorsión, maroma, voltereta, volteleta, cabriola, volantín, catatumba, capitón, acrobacia» (DEL™). ¡Qué acervo!

POLÍTICAS DEL SILENCIO

La palabra silencio es ya un ruido [...] Es, de todas las palabras, la más perversa, o la más poética: es ella misma garantía de su propia muerte.

Georges Bataille[48]

La canción más hermosa que había oído nunca era el silencio de la casa aquella noche, tan solo el tenue sonido metálico de las cañerías, el viento aullando en el exterior.

Ottessa Moshfegh[49]

---

48 George Bataille, *op. cit.*

49 Ottessa Moshfegh. 2017. *Mi nombre era Eileen*, Alfaguara (el original es de 2015 y la traducción de Damián Alou Ramis).

El silencio es una golosina para el racionalista. No está nada claro que podamos atribuirle un correlato externo, es decir, una localización en el mundo exterior, donde siempre parece haber (más o menos) ruido. Sin embargo, todos poseemos y empleamos con naturalidad el concepto de «silencio». Ignoro si algún racionalista se sirvió de este concepto, como Descartes del de «triángulo perfecto» o Chomsky del de «regla gramatical sensible a la estructura», para basar en él un «argumento de la pobreza del estímulo» a favor de la riqueza de las categorías y expectativas innatas de la mente.[50] Ya saben, el silencio no es nada que esté ahí, de algún modo localizado en la experiencia, accesible a los sentidos y, a través de estos, al aprendizaje. Sin embargo, nos mandan guardar silencio, permanecer en silencio, silenciar algo o a alguien, romper el silencio, etc., y no tenemos duda de lo que se espera de nosotros. Por tanto, la categoría de «silencio» es innata a la mente.

---

50   Noam Chomsky. 1969. *Lingüística cartesiana. Un capítulo de la historia del pensamiento racionalista*, Gredos (el original es de 1966 y la traducción de Enrique Wulf).

Ahora bien, lo que el argumento parece mostrarnos, en primer lugar, son las limitaciones del sistema auditivo para rastrear el entorno e identificar correlatos relevantes de la categoría en cuestión. Lo explican bien Rui Zhe Goh y sus colaboradores del Departamento de Psicología y Ciencias del Cerebro de la Johns Hopkins University al recordarnos que «dada la omnipresencia de sonidos internos (por ejemplo, debidos al flujo sanguíneo, la respiración o las emisiones otoacústicas), el silencio absoluto puede resultar fisiológicamente imposible de detectar».[51] Es decir, que en este caso particular no estaríamos fiablemente ante un ejemplo de pobreza del estímulo (tal vez el silencio exista en un sentido absoluto, pese a todo), sino ante un ejemplo de falta de fiabilidad del sistema relevante para determinarlo. Algo sobre lo que, por cierto, John Cage ya había reflexionado y escrito a principios de los años sesenta. El siguiente fragmento es de 1961 y está recogido en su libro *Silence*:

---

51   Rui Zhe Goh, Ian. B. Philips y Chaz Firestone. 2023. «The perception of silence», *Proceedings of the National Academy of Siences (PNAS)* 120 (29), e2301463120 (la traducción es de GL).

El espacio y el tiempo vacíos no existen. Siempre hay algo que ver, algo que oír. En realidad, por mucho que intentemos hacer un silencio, no podemos. Para ciertos procedimientos de ingeniería es deseable tener una situación lo más silenciosa posible. Una habitación así se denomina cámara sorda, sus seis paredes hechas de un material especial, un habitáculo sin ecos. Hace unos años entré en una de estas cámaras en la Universidad de Harvard y oí dos sonidos, uno agudo y otro grave. Cuando los describí al ingeniero encargado, me explicó que el agudo era mi sistema nervioso en funcionamiento; el grave, mi sangre circulando.[52]

De todos modos, sea por la vía argumental de la pobreza del estímulo o por la de la pobreza de la percepción, parece que se sigue que el silencio es básicamente lo que la mente determina autosuficientemente que es. La cuestión de interés pasa a ser, entonces, qué es el silencio para la mente y si coincide, o no, con lo que

---

52   John Cage, *op. cit*, p. 8.

la misma mente nos hace creer, intuitiva o ingenuamente, que es.

Un artículo científico publicado en julio de
2023 en la prestigiosa revista *PNAS* ofrece una
serie de pruebas experimentales cuya más ra-
zonable interpretación es que el cerebro representa el silencio como un evento acústico más,
por tanto, como un tipo característico de sonido.[53] Los autores (Rui Zhe Goh, Ian. B. Philips
y Chaz Firestone) se basan en la capacidad del
silencio para inducir el mismo tipo de ilusio-
nes acústicas que los demás sonidos. Por ejemplo, si se nos somete a dos estímulos acústicos
de idéntica duración, pero uno es una secuencia continua de sonido y otro se compone de
dos segmentos sonoros sucesivos diferentes, tendemos abrumadoramente a atribuir al primero
más duración que al segundo. Pues bien, estos
investigadores demuestran que se obtiene exactamente el mismo efecto ilusorio si los estímulos, de idéntica duración, consisten, uno, en un
lapso de silencio entre dos emisiones de ruido y,
el otro, en dos lapsos de silencio con una mínima interrupción intermedia, también entre dos

---

53   Rui Zhe Goh *et al.*, *op. cit.*

emisiones de ruido. El cerebro, en fin, categoriza el silencio como un tipo de evento sonoro más; o, si se prefiere, categoriza el sonido como un evento silencioso más. Porque la moraleja es que son más de lo mismo. Y no, desde luego, lo que intuitiva o ingenuamente el mismo cerebro nos hace pensar que es (o son).

En el mismo artículo al que estoy haciendo referencia, se aporta marginalmente un dato que ha captado particularmente mi atención. Los autores comentan que el cerebro, efectivamente, categoriza y representa el silencio como un tipo de evento sonoro, diferenciándolo así de los eventos sonoros evocados, pese al carácter silencioso (en sentido «ingenuo») de estos últimos. La prueba estaría en que, en la rememoración de secuencias sonoras de igual duración, ocurre que cuantos más componentes discretos contengan, tanto más aumenta la duración sentida de las secuencias (recordemos que en el caso de los eventos sonoros percibidos, incluyendo los silencios, ocurre lo contrario: sentimos que duran más cuantos menos segmentos contienen). Esto parece significar que la evocación de acontecimientos acústicos sí se corresponde con un sistema de representación mental aparte. Me permitiré llamarlo «memoria sonora», dentro de la cual podemos razonablemente identificar un (sub)sistema de «memoria musical».[54]

La memoria es, pues, un formato más de reproducción musical, entendiendo por tal un dispositivo (en este caso, natural) dotado de sus propios medios de grabación, almacenamiento, recuperación y ejecución musicales. Como hemos comprobado, no es exactamente un formato silencioso, porque el silencio funciona de otro modo, pero tampoco hace ruido, que es, lo hemos visto en el ensayo anterior, esa forma que adopta el sonido cuando se convierte en apto para molestar al vecino. Los recursos de la «memoria musical», su capacidad de recrear (o crear) secuencias musicales sin ejecutarlas físicamente, se solapan parcialmente con los movilizados cuando la música se percibe o se ejecuta. Lo que produce es, pues, «música», en un sentido no del todo diferente al de la música

---

54 Guilhem Marion, Giovanni M. Di Liberto y Shihab A. Shamma. 2021. «The music of silence: Part I: Responses to musical imagery encode melodic expectations and acoustics», *Journal of Neuroscience* 41 (35), 7435-7448; Giovanni M. Di Liberto, Guilhem Marion y Shihab A. Shamma. 2021.«The music of silence: Part II: Music listening induces imagery responses», *Journal of Neuroscience* 41 (35), 7449-7460.

audible. Pero, al mismo tiempo, incorpora mecanismos de instigación y control propios que la convierte en un formato de actividad y representación mental específico.[55]

Se afirma rutinariamente que el formato musical del momento, el que se ha impuesto sobre los llamados formatos físicos (vinilo, casete, CD) es el *streaming*, ya saben, las bibliotecas musicales deslocalizadas, universal y permanentemente accesibles, con las que uno se monta sus propias listas de reproducción y que ni siquiera requieren un dispositivo específico (se alojan en los mismos dispositivos móviles que podemos utilizar, incluso a la vez, para los más diversos fines). El *streaming* es, qué duda cabe, la sublimación más extrema de lo «antiaurático» con que alguna vez habría podido soñar Walter Benjamin.[56] Pero es también, en el fondo, el mejor antídoto imaginable contra la pervivencia bastarda del aura musical bajo la forma de

---

55   Katherine N. Cotter. 2019. «Mental control in musical imagery: A dual component model», *Frontiers in Psychology* 10, doi.org/10.3389/fpsyg.2019.01904.

56   Walter Benjamin. 2018. «La obra de arte en la época de su reproductibilidad técnica», en *Iluminaciones*, Taurus (el original es de 1936 y la traducción de Jesús Aguirre y Roberto Blatt).

los fetichismos asociados a los formatos físicos de reproducción musical (¿cómo podrá ahora el artista darle ese sello de falsa exclusividad a la mercancía artística que comporta la firma de un libro o la portada de un disco?).[57]

Del *streaming*, como digo, se afirma que ya es, y con creces, el formato de consumo musical mayoritariamente usado. Ahora bien, estos cómputos solo toman en consideración los formatos tecnológicamente desarrollados, pasando por alto las modalidades naturales de reproducción, como la memoria musical o la música soñada (quiero decir, *literalmente* soñada).[58] Sería interesante conocer la posición de estos formatos naturales relativamente a sus homólogos artificiales en términos de tiempo de uso, situaciones características de empleo, etc. Estoy casi seguro de que no saldrían nada mal parados.

---

57   Terry Eagleton. 1998. *Walter Benjamin. O hacia una crítica revolucionaria*, Cátedra (el original es de 1981 y la traducción de Julia García Lenberg); Gillo Dorfles. 2022. *Falsificaciones y fetiches. La adulteración en el arte y la sociedad*, Casimiro (el original es de 2010 y la traducción de Javier Eraso Ceballos).

58   Kate Isobel Olbrich y Michael Schredl. 2019. «Music and dreams: A review». *International Journal of Dream Research* 12(2), 67-71.

Aunque, evidentemente, se trata de un proyecto inabordable.

Más abordable y, en el fondo, mucho más interesante puede ser el proyecto de intentar aproximarse (olvidémonos de replicar) a la cualidad de la música de la memoria (o del sueño) a través de los medios de ejecución musical más habituales. Recuerdo una entrevista a Bradford Cox (*a.k.a.* Deerhunter, *a.k.a.* Atlas Sound), creo que en *Rockdelux* (fue ya hace tiempo), en que este inconfundible músico declaraba que una de sus obsesiones artísticas era la de trasladar a sus composiciones esa cualidad única que la música adquiere en el recuerdo. Me parece un empeño estéticamente admirable, de esos absolutamente imposibles de alcanzar plenamente (en mi opinión, Bradford Cox ha cumplido con creces) y, por la misma razón, irrenunciables.

En el fondo, el proyecto tiene cierta continuidad con el que, con mayor o menor grado de conciencia, ha seguido la música en su conjunto a lo largo del siglo XX, si hacemos caso de la tesis de Greg Milner en su formidable libro *El sonido y la perfección*.[59] De acuerdo con este

---

59   Greg Milner, *op. cit.*

musicólogo norteamericano, desde los mismos orígenes de la industria y la cultura fonográficas, se produjo el extraño (¿y perverso?) efecto de que los músicos aspirasen a sonar como sonaban las grabaciones en los nuevos aparatos de reproducción. Al lado de este, el proyecto de lograr a través de la música físicamente realizada cualidades propias de la música evocada o soñada me parece bastante más fascinante. Porque seguramente ahí, en la memoria, en la imaginación y en los sueños, se encuentran las canciones más hermosas que todos hemos escuchado alguna vez.

Tal vez sea a un grado cero semejante al que, con tono un tanto profético, se refiere Steve Goodman al localizar virtualmente el futuro de la cultura sónica en lo fisiológica o culturalmente inaudible:[60] la música interna como mecanismo de defensa personal; tal vez, también, como puerta de entrada a una solución final de destrucción psicológica en masa.

---

60   *Vid*. acápite del ensayo anterior.

EPIDUCCIÓN:
LEJOS DEL GRADO CERO

> He llegado a la conclusión de que pode-
> mos aprender mucho sobre la música si
> nos dedicamos a las setas. [...] Tanto para
> las setas como para la música, el invier-
> no es una estación muy penosa. Solamen-
> te en cuevas y en casas, por cuestiones de
> temperatura y humedad, y en las salas de
> conciertos, donde las cuestiones de taqui-
> lla y de los puestos en los consejos admi-
> nistrativos están bajo constante vigilancia,
> prosperan las formas vulgares y aceptadas.
>
> John Cage[61]

El negro no es un color. El negro, de hecho,
ni siquiera existe. El «negro absoluto»
presupone una irradiación nula de foto-

---

61 John Cage, *op. cit.*, p. 274.

nes desde los objetos sobre el sistema visual y un estado consecuente de inactividad de los fotorreceptores, es decir, una situación límite inexistente. Existen, eso sí, grados posibles de aproximación al «negro absoluto», dependiendo de la mayor o menor actividad de los fotorreceptores acromáticos cuyo funcionamiento es instigado por el impacto de una cantidad ínfima de fotones. Como seguramente sospechen, existe una dura competencia entre laboratorios por elaborar materiales y pigmentos tan fotorresistentes o fotoabsorbentes que permitan la mayor aproximación registrada a la situación ideal de negritud absoluta.[62]

El color negro absoluto pertenece, así, a la misma familia de fenómenos que la temperatura «cero absoluto» o el «grado cero» de la escritura (o la música), es decir, a esa misma familia de la que no se sabe si decir que existe, de un modo ciertamente singular, o que no existe realmente. Absolutamente hablando, no existe realmente; sin embargo, por su capacidad de actuar sobre la voluntad y la actividad de muchas personas,

---

62 Dolores de Fez. 2024. «¿Cómo saber que un color negro es el más negro encontrado nunca?», *El País* 13.09.24.

parece que no queda más remedio que concederle un cierto modo de existencia real. La miga metafísica del asunto es mucha, pero no será un simple aficionado a la música quien consiga hacerla digerible.

En todo caso, la fascinación por el grado cero de la escritura o la música es de un orden diferente a la que puedan ejercer el negro o el cero absolutos sobre los físicos. El grado cero barthesiano, conscientemente o no, fascina al creador, precisamente, por ser el estado desde el que únicamente parece posible un acto de creación absoluta. Un estado y, consecuentemente, un acto imposibles, porque, como comenta Barthes, en cualquier nuevo uso lingüístico (o ejercicio musical) hay una «obstinada remanencia», una especie de poso o sedimento, de todas las ejecuciones, personales o colectivas, precedentes.[63] Sin embargo, la fascinación por alcanzar el acto de creación absoluto es tan real como irreal el acto en sí. Más que suficiente para justificar una teleología del acto creativo cuya causa final sea una creatividad genuina a partir del suelo fértil de un improbable grado cero.

---

63   Roland Barthes, *op. cit.*, p. 25.

En sentido estricto, no existe otro grado cero musical que dejar de hacer, escuchar y rememorar música. Un imposible, como bien sabemos a estas alturas. De todos modos, no existe punto de partida más idóneo en que localizar la creación musical que ese utópico grado cero, un lugar en el que hacer, escuchar e imaginar música como si la música cobrase existencia sobre la vida en la tierra en ese mismo instante.

Puse punto final al primer borrador de este texto el 15 de septiembre de 2024. El mismo día de 1928 nació Julian Edwin Adderley, *a.k.a.* Cannonball Adderley, y el de 1980 murió Bill Evans, figuras ambas indiscutibles de la historia del *jazz*. Sin música, como la de Adderley y Evans, la temperatura y el color de la vida serían tristemente e irreversiblemente limítrofes con el cero y el negro absolutos.

ESTA EDICIÓN DE «EL GRADO CERO
DE LA PARTITURA. SUGERENCIAS
INÚTILES PARA DEJAR DE HACER Y
ESCUCHAR MÚSICA», DE GUILLERMO
LORENZO, DECIMOCUARTO TÍTULO
DE LA COLECCIÓN URSA MINOR,
DE LOS EDITORES DESCABEZADOS,
SE DIO A IMPRENTA EN ENERO DE
2025. VALE.